해당화
닻을 올리고

오승미 제2시집

해당화 닻을 올리고

초판1쇄 발행 2024년 6월 15일

지은이 오승미
펴낸이 이길안
펴낸곳 세종출판사

주소 부산광역시 중구 흑교로 71번길 12 (보수동2가)
전화 463-5898, 253-2213~5
팩스 248-4880
전자우편 sjpl5898@daum.net
출판등록 제02-01-96

ISBN 979-11-5979-684-5 03810

정가 12,000원

이 책은 저작권법에 따라 보호받는 저작물이므로 무단전재와
무단복제를 금지하며, 이 책 내용의 전부 또는 일부 내용을 재사용하려면
사전에 저작권자와 세종출판사의 동의를 받아야 합니다.
* 잘못된 책은 교환해 드립니다.

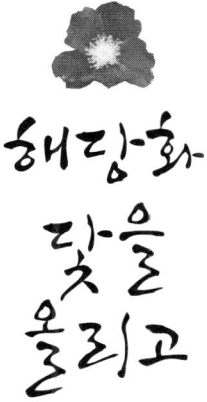

해당화 닻을 올리고

오승미 제2시집

세종출판사

| 시인의 말 |

아침에 일어나 거울을 보면
거울은 어느새 주름살 늘어난 중년이라는 걸
적나라하게 보여준다

인생의 중년,
그럼에도 잘 익어가기 위해 시를 쓰고 음악을 듣는다

'그래 나는 특별한 예술인이야'

토닥토닥
나를 다독이며 다듬어가는 산책을 시작한다

눈이 발을 멈추게 하고
들풀 하나, 산의 바위, 의미 없이 부는 바람에도 의미를
불어 넣어 보며
세상의 모든 푸르름을 마음 가득 담아본다

'중년이 어때서?
그래 예쁜 인생은 스스로 만들어 가는 거야'

－싱그럽게 돋아나는 연둣빛처럼 잘 익어 가야지－
다짐하고 토닥이며 감성 충만허지는 중년 아줌마

두 번째 시집 책을 내며
바른 길로 인도해 주신 정영자 교수님께 감사드리며
귀한 인연 문우님들과 사랑하는 우리 가족들에게도
고마움을 전합니다

어머니!
당신의 딸로 태어나게 해주셔서 감사합니다
오래오래 건강하세요

오승미 올림

차례

시인의 말 • 4

제1장 꽃밭엔 웃음 터지고

카오스 세상 ____ 15
꽃 따던 날 ____ 16
배추밭에 시가 자란다 ____ 18
잎의 여왕 ____ 20
백모란 속에 유년 ____ 21
붉은 아기별 ____ 22
아미초꽃 신부 ____ 23
별 속에 별꽃 도라지 ____ 24
오직 그대만을 ____ 25
흙 속의 비밀 ____ 26
판단의 오만 ____ 28
농부의 꿈 ____ 30
돌나물의 꿈 ____ 32
목련 ____ 33
봄길 ____ 34
물소리 녹차에는 1 ____ 36
물소리 녹차에는 2 ____ 38

제2장 연못에 도는 물바람

바다 그리고 희망 ____ 43
수련화 되어 ____ 44
밤의 여왕 ____ 45
불꽃 잔치 ____ 47
오월의 아침 ____ 48
시인의 집밥에는 ____ 49
달개비꽃 ____ 50
창문에 고인 비와 바람 ____ 51
황금알 ____ 52
입추 꽃 ____ 53
우화 ____ 54

제3부 라르고 음악이 흐른다

해당화 닻을 올리고 ____ 59
통영 나들이 ____ 60
포구의 꿈 ____ 62
갯마을엔 아직도 ____ 64
남해 꼴뚜기 ____ 66
사려니숲길 ____ 67
아침 바다 ____ 68
숲 도랑 ____ 69
삿갓 섬 ____ 70
시샘 달 ____ 71
동백꽃 ____ 72
특별한 점심 ____ 73
가을바람엔 ____ 74
가을 엽서 ____ 76
겨울 그리고 이별 ____ 77

제4장 엄마에게도 엄마가

자동차 야상곡 ____ 81
엄마에게도 엄마가 ____ 82
파 뿌리 검은 머리 되는 날 ____ 84
콩나물 ____ 85
경주의 맛 더 먹고 가 ____ 86
부각 꽃 ____ 87
골담초 꽃 ____ 88
붕어빵 ____ 89
아버지 ____ 90
그 향기 찾아 ____ 92
구절초 날아오른 날 ____ 93
노란 웃음소리 ____ 94

제5장 고목에 핀 꽃

고목에 핀 꽃 ____ 97
감은사지 탑돌이 ____ 98
반야의 길 ____ 99
반야의 길을 걷는 듯 ____ 100
기림사 ____ 102
거대한 미륵 대불 발원 ____ 103
홍련 속에 핀 사찰 ____ 104
아름다운 그녀의 손 ____ 106
보살꽃 ____ 107
경주 골굴사 ____ 108
영축산 안양암 ____ 110
홍룡사 ____ 112
산수유나무 아래 ____ 114
부처꽃 ____ 115
향일암 ____ 116

해설 · 정영자
텃밭이 키운 시, 시가 키운 채소 ____ 119

제1장
꽃밭엔 웃음 터지고

카오스 세상

몽환,
하얀 벚꽃이 내린다

훨훨
꽃나비 되어 신화를 그리는
카오스 세상

하늘 하늘
부르르 떨며
찰나를 붙잡는 절정

길에도 강물 위에도
삼천 궁녀의 고운 날개
아니 온 듯 가볍게
눈꽃으로 내릴 때

사뿐사뿐
속삭이는 간절한 소망은
또다시 기다리는
순교자 되고파

꽃 따던 날

기세 좋은 볕이
소낙비처럼 내리자
꽃들이 놓칠세라
꽃잎 키우기 바쁘다

순한 볕 따라
바쁜 손놀림
향기 한 아름
꽃송이 한 아름
눈에 담는다

꽃밭엔 웃음 터지고
밀레의 그림 만종처럼
보리 이삭 줍듯
등 굽혀 꽃송이를 딴다

꽃바람 산바람 금잔화도
등 굽은 아낙네 손에 담긴다

꽃밭에 남긴 꽃송이
저홀로 향기 풀어내며
꽃 따는 아낙네 가슴을
설레게 한다

배추밭에 시가 자란다

찰진 땅
햇살 바람 단비에
맛 좋은 배추가 익어간다

코스모스 하늘거리고
금잔화 꽃송이 응원 아래

나풀거린 배춧잎들
단비 한 모금 마시며
하품 소리 찬란하다

하늘은 높고
구름은 흘러 흘러
가을이 한 뼘씩 깊어간다

구멍 숭숭 애벌레들
배불리 먹고. 뒹굴고
욕심내지 않는 눈빛

맘은 하늘보다 높고 여유롭고
가을 이리도 이쁘게 익어가는데

버들강아지 한 송이
양 떼 지키는 강아지인 양
의기양양 살랑거리며
배추밭을 지킨다

잎의 여왕
– 햇차 맞이하는 날

새털구름 오선지 만들고
새소리 법문 풀어내는 새벽
은은한 종소리 맑다

겨우내 품고 있던 순한 잎
봄의 싱그러움 담아
쏙쏙 파랑이 일어서고

부푼 햇살 사이로
안개 바람 내려와
새순을 낳으며
아가 손 흔들어 댄다

어찌 눈으로 보겠는가
어찌 코로만 읽겠는가

싱그러운 오월
차로 물든 여인의 치마폭
파란 하늘 담고서

연두와 초록이 영그는 천지에
봄도 햇차 맞이 들뜬다

백모란 속에 유년

따스한 햇볕 마시고
붉은 새순 푸른 옷 입으면
오순도순 순백의 이야기꽃
피어나는 마당가 꽃밭

꽃의 여왕답게
자태 고운 비단 치마
부귀스런 여인의 모습
환하게 피어난 내 마음

화무십일홍
봄꿈처럼 흔들린 꽃봉오리
바라보는 내 마음도 설레어
눈에 맴도는 내 유년

붉은 아기별

하늘을 향해 오르고자
저홀로 타 올라
저렇게 붉어졌을까
붉은 아기별이 대낮부터
까르륵 웃는다

밤하늘에 깜박이는 뭇별처럼
허공에 반짝이는 유홍초의 눈망울
내 마음을 사로잡는다

아침엔 붉었노라
저녁엔 잊었노라

작은 나팔 소리
여름밤 영영 잠 못 이룬다

아미초꽃 신부

촉록이 일어서는 자리
하얀 신부 부케 다발
순백의 드레스 우아한 꽃

기다란 줄기에 레이스 치마
펼쳐 입고 금방이라도
백설 공주가 나올 듯 설렌다

눈부시다

작고 귀여운 꽃잎 속삭이며
안개꽃마냥 주변을 빛내고
하늘 향해 장엄하게 피어오든다

따스한 숨결로 환하게 웃어주는
길 가던 꼬마 난쟁이 손잡고
강강수월래 춤추며
손에 손잡고 끝없이
시원한 여름을 노래한다

별 속에 별꽃 도라지

산천 들녘에 아침 햇살 물고
바람이 꽃망울 속에 숨어
부풀대로 부풀어 오르면
별 속에 별꽃이 핀다

기다림의 순정
처연히 다독이며
하양 보라 정결한 웃음
바람도 반해 웃는다

무성한 꽃잎도 바람 앞에
한없이 낮추고 낮추어
색바랜 세월 해탈하여
영혼의 뿌리 가득 키운다

오직 그대만을

불갑산 자락엔
피어오르는 분홍빛 사랑

꽃대 세워 불 밝히고
눈부신 길 열어
그대 오길 기다린다

숱한 인연의 고리 피고 져도
만나지 못하는 기린 목

너를 만나지 못한 채
기다림에 눈 감는다

아

붉게 익은 눈물
두 눈에 가두고
흐득흐득 흐느끼다
터져버린 꽃무릇

흙 속의 비밀

촉촉이 젖어 있는 풀꽃
청신한 초록 생명들

귀여운 방울토마토
가지마다 매달린 꼬마전구

땅을 들썩이는 감자
뒤질세라 피어난 부추꽃

찾아오는 발걸음에
날마다 몸 부풀리는 호박

빗소리 가득한 텃밭
우후죽순 매달린 오이

불어온 산바람에
깻잎 서로 간지럽다며
들들 웃음소리 가득

토동토동
작은 봄 아씨
볼살 오르는 흙 속의 비밀

판단의 오만
– 배추

연초록 방실방실 웃던 너

얼마나 행복했었나
얼마나 기쁨이었나

바라만 봐도 사랑스러운 너

주옥같은 사연
한줄기 시가 되어

샛노란 속살 수줍던
어린 누이의 가을밤처럼
별은 한없이 반짝이는데

햇빛도 빗물도 바람도
서리 속에 익어가는 계절

꽃이 따로 있나
잘난 것도 못난 것도
탓하지 않는

넌
넌
꽉 찬 명품
배추다

농부의 꿈

새벽 종묘상은 한산한데
내 걸음만 총총 길 나선다

배추 무 상추 시금치
보는 대로 품고 싶은 농부

무슨 자식 욕심이
이리도 많을까

부지런한 농부 발걸음
밭고랑으로 달린다

바람 비 구름 햇빛의
손놀림도 가볍고 즐겁다

씨앗 옹기종기 익어가는 울림
농부의 배는 이미 만삭되어
잎과 열매는 몸을 푼다

갓 태어난 아이들 아낌없이
한 줌씩 돛단배 실어 내어 주듯

내 삶도 그랬으면 좋겠다

돌나물의 꿈

새벽이슬에
어여쁘게 단장하고
속살처럼 살갑게 다가와

연하디 연한 줄기마다
그늘에 엿가락 펼친다

허락 없이 잔뿌리에
토실한 살을 찌우려

봄비 오려나 기다리다
지쳐버린 이른 아침

선한 눈빛에 단단한 뿌리
꺾은 자리 또다시 일어서며

난 돌나물이야
외친다

목련

설레고
다시 떨리는 첫사랑

꿈같은 봄날
머물렀다 지나는 구름처럼

와도 오는 것이 아니고
가도 가는 것이 아니어라

눈 맞추던 그 시간도
잠시 잠깐의 꿈

부슬대는 봄바람
달처럼 아련한 잔향에

하얀 목련이 핀다
하얀 목련이 진다

봄길

권정생 생가를 찾아

사과밭 길 따라
시냇물 흐르고

담벼락에 기댄
분홍 겹벚꽃
가던 길 멈추게 한다

이리저리 헤매다
민들레꽃 손잡고
찾아간 강아지똥 할배집

낡은 의자 걸터앉아
지저귀는 참새떼
강아지똥 할배 그리워한다

그 할배집
큰 나무 아래 서서
웃음으로 맞이하는 봄

아직도 교회 종소리
댕댕댕 웃는다

물소리 녹차에는 1

새벽바람 마시며
이슬방울 머금은
새순 돋는 소리

메기의 추억
가락에 맞추어
차 따는 손놀림 정답다

덖고 비비고 털며
시간을 말리면
상처 속에 피어난 향기

이슬 한잔
웃음 한잔

고요한 마음의 향기
촉록 웃음 물든 향기

물소리 녹차에는

구수한 가락의 맛
즐거운 풍유의 맛
정다운 마음의 맛

물소리 녹차에는 2

초록 바람 두르고
일창일기 고운 잎
새소리 바람 소리
생긋 웃는 녹차밭

하얀 무명 치마
산달 되어 순산하듯
주머니 가득 차오르면

까르륵 웃음소리
춤추는 초록 물결
쏟아지는 햇살

약사여래 약병이라
다디단 이슬 차
찻잎은 차관에서
고슬고슬 하는 말

중생을 위한 잎이니
버릴 것 하나 없는 약이라고

또다시 피어나는
일창일기 고운 잎

제2장
연못에 도는 물바람

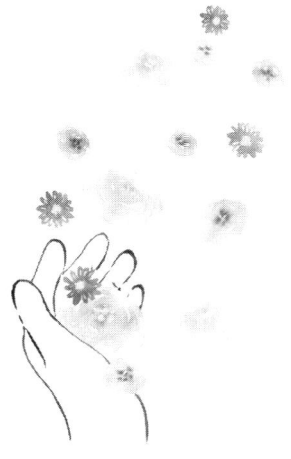

바다 그리고 희망

광안리 바닷가 파도가 밀려온다
희망을 물결에 실어 뭍으로 온다

부서지는 파도에 절망을 떨친다
희망을 안기도 절망을 버리기도
지나온 흔적 지우는 파도

맨발의 청춘 간디가 되어
햇살을 이고 무릎 반납하며
파도 리듬 타며 걷는다

파도는 나를 데리고
바다를 누비고 다니다
바닷가에 가만히 데려다준다

바닷물에 맘까지 적셨기에
새 발자국으로 희망을 찍는가

수련화 되어

연못에 도는 물바람
은은하게 스며드는 흰 구름

한여름 밤의 교향곡에
운명처럼 그립던 그리움

빛을 삼킨 하늘 부여잡고
하얗게 타오르는 꽃이여

물 위에 퍼져가는 파문들
쇼팽의 빗방울 전주곡처럼
애절한 눈물 되어 떠다니고

별이 지면 고독한 영혼
찬란한 순백으로 피어나

아침에 피었다가
저녁에 지더라도

온몸 말갛게 씻기어
애처로운 꽃잎으로 피우고

나를 바라보소서

어두운 세상 밝히는
오직 향기로 피는 수련화여

밤의 여왕

초저녁 고요 속에
꽃등 빙빙 둘러싸여
고백하는 속삭임

바람 소리 흐득흐득
흘리는 꽃 눈물에
달무리 서럽게 지고

온몸으로 불러도
맨발로 떠나버린 그대
기다림 길어지는 날

혹여나 기별 올까

못다 한 애달픈 사랑
달을 향한 부르는
달맞이 사랑 꽃

불꽃 잔치

허공을 무대로 벌이는 잔치
불꽃 속을 음악이 오르내리고
수많은 별빛이 흘러내린다

어둠을 뚫어 버린 폭죽
환호성 높아만 가고
달빛도 깨어나 기립 박수를 한다

모랫벌에 펼쳐진 멋진 풍경
다이아몬드 브릿지는
바다 위에서 희망을 꿈꾼다

젊음이 숨 쉬는 바다 광안리
깜깜한 어둠 속
푸른 부산이 솟구친다

오월의 아침

맑고 여유로운 아침
울타리 없는 하늘에
가루비 한 장 띄운다

송이송이 맺힌 눈망울
자세히 보니 그 속에
내가 웃고 있다

풀잎 바람에 흩어지는 그리움
콧노래 부르며 떠돌고
이슬비 실눈으로 웃음 짓고

먼 봉우리 구름도 둥둥
내 마음처럼
봄날 끝에 흐른다

시인의 집밥에는

통영 바다 곁 시인 집에는
석양이 부드럽게 걸려있고
집밥이 닫혔던 입맛까지 열어준다

별난 밥보다 따스한 온기가 좋고
어떤 손길이 머무느냐에 따라
어느 높은 맛보다
더 높은 맛으로 탄생

귀와 입을 열게 하고
온기 가득한 눈에 통한다

침묵이 빚은 그릇 속에는
입가에 웃음 고이게 하고
작은 밥공기에도 사랑 열매

시인의 바다가 있는 집에는
따끈한 선물 같은 밥
시인의 체취가 배어 있는 집에서
이 세상 가장 예쁜 밥을 짓는다

달개비꽃

이슬비 맞으며 눈을 뜬
파랑 나비 한 마리
노란 화관 쓰고
가슴 떨리게 한다

해가 시든 여름밤
가슴 깊이 묻어둔
옛사랑 들려주고

깊어져 가는 여름밤
잊지 못한 풋사랑
창가에 흘러내리는
애달픈 소야곡

창문에 고인 비와 바람

회색 구름 속에 구멍 숭숭
가을비 조용히 내린다

가을비는 갈바람 이야기
창가에 풀어 놓고
빗소리는 내 맘 뒤흔든다

바람은 갈색으로 내리고
내 맘도 바람 따라나선다

비는 조용히 진양조
내 마음은 중모리장단

때마침
찾아온 가을비가
내 곁에 마음을 두고 떠나고
맘 물 한 방울 소리 없이 삼킨다

바람은 비를 창문에
비는 바람을 창문 매달고
영롱한 비 한 줌 바람 한 줌
누가 그리워 고이는 걸까

황금알

풀밭 두엄더미 자리
등불 들고 있는 그녀

지나는 나비도 바람도
울 안에 들락인다

그 품이 넉넉한 울타리
가슴 내어 주고도
방시레 웃는 호박꽃

소쿠리 가득 애기 호박 담아
길 없는 길 걷다가
초록 치마 펼치며

볕 잘 드는 곳에 꽃방석 깔고
더위에도 지칠 줄 모르는 당당함

들판에 박색 미인이
가부좌 틀고 앉아
오늘도 황금알을 낳는다

입추 꽃

땡볕 더위에 벌레도
잠들지 못한 밤

눈에 스친 별똥별 하나
계절을 지키는 수호병 되어
세월 뜨락에 서있다

이른 아침 숲을 돌아
냇물 건너는 하품 소리

여름 문턱 넘어
하얀 이슬 매달고
입추 꽃이 핀다

우화

작렬하는 한 낮
더위는 기승을 부리는데

대지를 흔들며
부르짖는 저 소리
누구를 위한 노래인가

가슴 찢어지는
한여름의 노래

한바탕
활화산처럼 쏟아내는
수컷의 절창이 익어간다

울창한 숲속 흔드는
안타까운 저 몸짓

절규인가
통곡인가

짧은 한순간의
뜨거운 찰나를 남기고

긴 우화가
시작되었던 곳으로 돌아가는
저 강렬하고 슬픈 귀로

제3부
라르고 음악이 흐른다

해당화 닻을 올리고

작은 배 한 척 윤슬 휘젓고
물고기 떼 노도 안내한다

들고 나는 포구에 핀 해당화
작은 가시 파도가 삼킨다

눈빛 속에 흔들리는 어머니 버선발
소슬바람 휘어진 목소리에
갈매기 노래를 담는다

가파른 언덕 위에 서포 초옥
아담한 초가 소리 없이 문을 연다

눈물 쏟아질 듯 부르는 소리
복받친 오랜 시간 바람만 뒤돌아보고
쉴 곳 없는 구름만 말없이 지난다

쪽빛 찬란한 바다 위에
햇살 가락지 끼운 파도 드나드는
해당화 닻을 내린 항구

바람 문 파도가 하얀 엄마다

통영 나들이

여유를 찾아
통영으로 가는 길
물결 출렁이듯 맘도 출렁

겨울
여유

기억도 추억도 그리움 젖어
바다향 입에 물고 다가선다

조촐한 식당
바다가 꿈틀거리고
주인아주머니 목소리도
바다처럼 시원하다

은빛 바다를 배달한 고등어
추위를 녹이는 옥돔 국물
의욕에 찬 식욕은 선을 넘는다

그 맛에 집중하며
잔칫집도 웃고 갈 밥상

정신 못 차린 목구멍도
바다를 헤엄치는데
식탁엔 가시만 수북이 쌓였다

포구의 꿈
– 학리포구

학이 많아 학송제라 부르고
길하고 평온하다 하여
학리라 불렀다는 마을

희망을 실어 나르던
방파제 정박한 어선도
고단한 시간을 잠시 접어
파도의 손짓 기다린다

갯내음 물씬한 골목
널브러져 누운 미역귀
바다의 꽃을 피우고

은빛 비늘 추억의 물고기
갈매기 울음 섞인 바람
포구의 고독을 날갯짓한다

한가롭다 못해 고요한 포구
갈매기 한 마리 그물에 걸린
봄날의 기억을 건져 올리고

하얗고 빨간 두 등대 사이
푸른 바다 뱃길 열며
닻을 올린 꿈을 안고 나란히
오랜 세월 명맥을 지켜 내고 있었다

갯마을엔 아직도
– 이을포구

물새들 하품 소리 요란한
작은 포구

마을의 생계인 어선들
출항을 꿈꾸고 흥분한다

바닷속 세상
화려히 춤추는 해녀 할머니

다시마처럼 짭조름한 삶도
그물에 걸려 퍼덕인다

아무리 파도가
반란을 일으킨다 해도

아버지 같은 등대가 있는 한
배는 거침없이 바다로 향하고

낭만의 거리 갯마을엔
해순이 멸치 후리던 소리 들려오고
파도는 서럽게 흩어지는데

닻 내린 항구 카페에서는
님이여 님이여
배 떠나기 구슬픈 가락이
커피 향을 타고 갯마을에 퍼진다

남해 꼴뚜기

갯마을 실크바람
노도 가는 뱃길 수놓고

항구의 언덕의 위
어물전을 겸한 식당에서
맛보기로 먹던 세 마리 꼴뚜기

톡톡 바다가 출렁이는 맛
청정한 파도 소리 머금고
침샘을 유혹한다

누가 너를
어물전 망신이라 했던가

푸른 바다 당차게 쥐고
함지박 가득한 풍요는
가히 어물전의 주인공이라 하겠다

사려니숲길

현무암 자갈 깔린 길 따라
키 큰 삼나무 손 내민다

나무 끝 하얀 솜뭉치 걸리고
하늘 위로 나무가 빨려 나간다

사려니숲 깊이를 알 수 없는 길
초록 아이스크림처럼 시원하다

두 팔 벌려 가슴 던지고
내 한숨도 바람 되어 떠난다

마지막 던지지 못한 번뇌와 망상
나무에 매달아 놓으니
꼭대기 바람이 지나다 삼킨다

삼나무 얼굴 틈으로
반짝이는 햇살 도반 삼아
쏟아진 숲 향에 그리움 적시며

사려니 태고적 묵언 휘감고
느림과 앞서거니 뒤서거니 한다

아침 바다

아침 고요를 흔들며
넘실거린 바다 향기

너와 나의 다리 이어주는
세월을 실어 나르는 듯
오가는 자동차

눈이 시리도록 반짝이는 바다
한가로움을 건져 오르는 유람선
추억까지 건져 올린다

물빛이 반짝일 때마다
갈매기 떼 웃음소리
아침 바다에 잦아들고

어느새 나는
돋을볕 손을 잡고
생동하는 아침 바다를 누빈다

숲 도랑

위천수 흐르는 숲 도랑 따라
단풍잎 물손 잡고 머뭇거린다

멀리 천왕봉 바람 소식
고운 선생 호미
굴참나무에 걸어둔다

계절은 가을을 담고
앞서거니 뒤서거니
차 한 잔으로 회고하니

나무 심은 고운 선생
흙 묻은 소매 끝

껄껄 웃으며
호미질하는 모습
눈앞에 펼쳐지고

함하루 지키는
거북 이야기에
천가지 만가지
꽃이 핀다

삿갓 섬

코발트색 펼쳐진 비단길 따라
길 잃은 갈매기섬을 품고
섬 안 섬에서 바다를 본다

섬 밖으로 빗나간 길 위에서
물결 속에 가라앉지 못하고
춤추는 파도가 섬 기슭에 닿는다

바람 무늬 그려진 삿갓 섬
발목 잡힌 새 한 마리

정지된 발걸음 저리고
파도 소리 섬에 오르는 밤

혹여 궁금한 기별 올까
눈 감고 서성이는데

뱃길은 물거품 속으로 사라지고
섬 떠난 새 한 마리
그리운 삿갓 찾아온다

시샘 달

봄이 오는 길목
가지에 서성이는 찬바람
볼을 스친 햇살에
가만히 서 있다

강물이 풀린다는 우수
개울물 따라
버들강아지 눈을 뜬다

이월
껍질을 벗는 달

풍경소리 따라 자장매 피고
거북 문살에 보이는 향기

봄바람은 잔설을 녹이고
저 멀리 수평선 따라
아다지오로 다가오는 봄

동백꽃

겨울 끝자락
피어나는 사랑

소소리바람
할퀴어도
동박새 곱게 수놓은
융단일

초록 잎
사이사이 앙다문
봄 한 줌 쥐고

툭

다시,
피어난 청춘

특별한 점심

겨울 늦은 점심
아슬아슬 때 놓칠까
입맛이 다그친다

식탁엔 먹음직한 김치
채반에 국수가 하얗게 웃는다

쇠고기 샤브샤브
젓가락 뛰노는 무쇠솥
입속엔 행복이 너울너울 춤을 춘다

겨울은 사르르 입안에 녹아내리며
세 여인의 입에 쉬지 않고 헤엄치는 맛
밥은 내가 줄 수 있는 맘이다

해맑은 여인의 미소
엄마 같은 여인의 정
눈에는 서로의 따스한 맘이 오간다

소박한 점심 한 끼
맘에 근육 키우고
또다시 입맛을 다신다

가을바람엔

가을
우표를 찾고 싶은 계절

우표를 들고 달려오는 갈바람
코끝에 걸터앉아 노래 부른다

두둥실 구름은 연주자의 지휘봉
갈댓잎 사이 작은 새들도
도레미 음표인 양 앉아서

알알이 익어가는 계절
황금빛 들녘 바라보며
가을의 노래 부르네

가락가락 마디마디
거대한 자연이 만든 명곡

마음 활짝 열어젖히고
사색의 뜰 걷게 하니

아! 가을

부드럽고 여유로운
라르고 음악이 흐른다

가을 엽서

담벼락 오르는 담쟁이 단풍잎
색바랜 기왓장 타고
긴 세월 한 몸 되어
하늘 향해 당차게 오른다

바람에 보시한 단풍 상처
한때는 푸르렀겠지
긴 세월
할 말도 많았겠지

그리움도
외로움도 엮어 엮어

잊혀지지 않을 가을 이야기
엽서 한창 띄운다

겨울 그리고 이별

하얀 설움 쌓여
가지마다 눈물 주르르

그리운 시간 펼쳐 놓고
소소 바람 미어지는 이별

계절의 굽은 시간 뒤로 한 채
따라나서지 못한 서린 미련
물방울 되어

뚝
떨어진다
봄이 되고 파

제4장
엄마에게도 엄마가

자동차 야상곡

강물은
먹물처럼 캄캄히 흐르고
별은 초롱초롱 빛나는 밤

무엇을 향해
저리도 무한 질주하는지
개미의 행렬처럼
달리고 달리는 헤드라이트

쌩쌩. 졸음을 깨우며
스쳐 가는 엔진 소리
쫓아가는 앞차의 불빛은
어둠 속 작은 위로가 된다

제각기 사연은 싣고
검은 밤길을 달리는
자동차들,

섬진강도
다시 올 새벽을 향해
나와 함께 달리고 있었다

엄마에게도 엄마가

어느 날 아침
엄마가 하시는 말씀
우리 엄마가 보고 싶네

그래 그렇지
엄마에게도 엄마가 있었지

가늘어진 어깨를 보며
맘 한편에 찬바람 인다

자식 배 굶길까 봐
배고픔 삼키며 제 속을
삭히셨다는 외할머니

모락모락 따뜻한 밥상 한번
차려 드리지 못함에
소리 없이 맘 눈물까지 삼키시고
삼킨 눈물 한이 되신다는 우리 엄마

짧은 생애 가버린
외할머니가 그리운 날이면
아궁이 장작불 피워
매운 연기 훌쩍이며
울었다는 우리 엄마

엄마에게도
엄마가 있었다는 걸
우리 엄마 젖은 눈을 보며 알았네

파 뿌리 검은 머리 되는 날

얼마나 하얀 밤을 지새웠으면
검은 머리 파 뿌리 되었을까

파 뿌리 가르마 숲
엄마의 오솔길이 그곳에 있다

골골이 길이 난 주름진 얼굴
가뭇한 세월 한 장씩 넘기며
엄마의 아득한 기억 속을 헤맨다

지울수록 또렷한 흑백 사잇길
백발 미녀가 거울 앞에 웃는다

딸은 갈대처럼 누운
머리카락을 일으켜 세운다

엄마의 마음은 천천히 걸어오건만
세월에 씻긴 파 뿌리 다급히 온다

콩나물

어디서 왔을까

똘망똘망
검은 지붕 아래
웅크린 고양이의 눈동자처럼
반짝인다

맑은 정수 흠뻑 마시고
세상의 틈에 서로를 기댄 채
비상을 꿈꾸는
저 어린 눈망울

날자,
날자꾸나

까만 모자 벗어 던지고
와글와글 함성소리
금방 하늘에 닿을 듯

빽빽한 울타리 안
해탈을 꿈꾸지만
세상은 비좁다

경주의 맛 더 먹고 가

함월산 바라보는 길목
물소리 따라 들어선 공양간

허한 속을 채우는
시간이 빚어낸 깊은 맛
엄마의 순두부

세월 속에 깊어진 맛
차고 넘치는 오진 맛
정겨운 고향의 맛

맘속 근심까지 데워버린
아랫목같은 뜨신 맛

부각 꽃

바삭바삭
고소한 김부각

엄마가 담기고
세월을 담기어
두툼한 숨결 고인다

힘듦이 달고
정성이 고소해서
출출한 배도 웃는다

금방 튀겨 내어
한 줌 두 줌 담아
반 속 허기 채우면

엄마의 맘 부풀고
내 맘도 부풀어 올라

까만 밤
포슬포슬한 달무리에
부각 꽃이 핀다

골담초 꽃

날지 못한 나비인 양
보일 듯 말 듯
모두 내어준 향기

골담초 휘어진 줄기마다
굽은 아버지 등이 보인다

씀바귀보다 더 쓴
고독의 달빛 우려내어
반질한 백팔 염주 굴리신다

황소바람에도
뜨거움으로 다독이며
경을 외시던
아버지 등에 핀 꽃

붕어빵

코트 깃 세우는 겨울밤
붕어빵 굽는 아저씨

딸각딸각
정겨운 그 소리
빵 굽는 내음이
내 입에 매달리며
걸음을 유혹한다

꼬리까지 꽉 찬 속
따끈하고 고소한 붕어빵
시린 손으로 안으면
마음 가득 전해지는 너의 온기

아!
이 맛이야

달빛처럼
퍼지는 달달한 미소
온 세상이 사랑이다

아버지

시간을 앞세우고 떠나신 아버지
반달처럼 굽은 등이
아직도 선합니다

멀리 바라보시던 허공
한마디 말이 없어
지금 들리는 듯합니다

엄마에겐 자상한 남편
자식들에겐 따스한 아버지
쳇바퀴 구르는 삶에서도
흔들림 없이 꼿꼿한 아버지

다 안고도 모자란 그리움
지워지지 않고 가슴에
덩그러니 남습디다

마당가에 은목서
빠알간 동백꽃에서도
아직 아버지 향기가 납니다

아직도 집안 곳곳에
아버지 그 향기 베어 있습니다

멍하니 하늘만 쳐다보며
그리운 눈망울에 수많은 별이
보석처럼 박혔습니다

그 향기 찾아

길섶에 만난 코스모스
분홍치마 곱게 입고
살랑거리며 동심을 물들인다

끝없는 꽃물결 출렁이는 하굣길
꽃봉오리 톡톡 누르며 놀았던 소녀

가을 운동회 만국기와
함께 달렸던 코스모스도 펄럭인다

그 소녀는
가을바람에
아직도 얼굴 붉어지고
입가엔 웃음꽃 한들한들 피어난다

오랜 기억 찾아낸
꽃망울 하나 톡 건드리며
코스모스 펄럭이는
그 길을 하염없이 걷는다

구절초 날아오른 날

신선일까
선녀일까
천상의 꽃밭

청아한 하늘 아래
하얀 화관 쓰고
하얀 미소 머금고

하얀 세상 꿈꾸며
선녀들 불러 모아
잔치를 벌인다

우뚝 솟은 꽃망울
음표 그리는 바람
순백의 흩어진 기억

꽃 잔치 벌이는 구절초

노란 웃음소리

황금 들녘 맞으러 길을 떠난다
가을 햇살이 그려놓은 들판엔
허수아비 어깨 위로
참새도 앉아 산책 즐긴다

농부의 흘린 땀
누런 벼꽃으로 피어나고
가을은 하늘과 마주 보며
높이 높이 뛰어오른다

계절이 익어가는 들판에 서서
벼알 낱낱이 노래 부르고
누런 빛깔 꿈 엮어
농부 얼굴 검어 하얗다

따사로운 햇살 아래
노란빛 물든 바람
노을빛 가락지마다
황금빛 들판에 눈부신
벼꽃 웃음소리 가득하다

제5장
고목에 핀 꽃

고목에 핀 꽃
– 통도사 일주문 앞 운지버섯 피다

천년 사찰의 뜨거운 숨결
커다란 고목 굽은 등에
꽃이 피었다

봄이 오는지 뭉게뭉게
늙은 고목에 꽃 피우는 운지

눈부신 인고의 세월
굽어 온 긴긴 시간
어찌 헤아릴 수 있을까

콸콸

마음을 씻는 통도천 물소리
공생의 이치 가르치는 노거수의
흐르고 내어 주는
굽은 등에 기대보는
반백의 허리
편안하여 뭉클하다

감은사지 탑돌이

신라의 아련한 숨결
이견대에서 바라본 대왕암
죽어서도 나라를 지키려는 호국용
파도 자락에 펄럭인다

들락거리는 바람의 속삭임
와도 온바 없고
가도 간바 없는
머물다 간 흔적은 보이지 않아

동탑을 돌고 돌며
어디로 가고 있는지
무엇을 위해 사는지

물음표 하나 던지며
묵언 수행

반야의 길

세상 번뇌 꽃불 피워
극락세계로 승화시킨
오색연등 초록 나무에 띄운다

붙잡을 것 없는
번뇌의 보따리
허공에 휘익 던지면

세속의 무거운 맘
가벼워질 수 있을까

물음표 하나 던지며
반야의 길 걸어간다

반야의 길을 걷는 듯
– 극락암 홍교

빈 하늘 사이사이
푸른 소나무 가득하고
대나무 숲 언 바람에
사각거리는 사유들

나그네도 읊고 가라
넓은 바위 극락 영지
오랜 세월 말해 주는
크고 넉넉한 벚나무도
지금은 비움의 계절

저 다리 건너면 어디인가
반원을 그린 외길
알 수 없는 침묵의 홍교

다 비워라
다 비워라
뜨겁게 울리는 음성

덜어내고
덜어내니

연못에 머문 하루
여기가 바로 극락

기림사
– 경주

배흘림기둥의 다포식 단층
단아하고 웅장한 사찰

커다란 소나무
승천하는 청룡처럼
드러낸 위용

오백 년 보리수나무
다 떨쳐내고 비워도
뜰앞에 당당히 서서
법음 실어 나른다

빛바랜 사찰은
천년의 역사를 말하듯
꾸밈없어 더욱 웅장하고

겨울바람 소리에도
번뇌가 풀리어
깨끗한 맑은 하늘에
비추어 보는 내 마음

거대한 미륵 대불 발원

기왓장 차곡차곡 불심 쌓은 듯
담벼락 따라 올라가 마주한

거대하고 웅장한
하얀 미륵 대불상

미래의 불이 온다고
미리 터를 잡아
깊은 신심 심은 자리

미륵 대불 앞에
간절한 바람을 담고
번뇌의 망상에
휘둘리지 않으려
한참을 묵언 수행

나 자신을 믿고 의지하고자
두 손 모아 서원 발원 기도 하는데
삶에 대한 참회와 감사뿐
그 아무것도 없었다

홍련 속에 핀 사찰

푸른 새 날아와
조용히 인도한 자리

붉은 연꽃 피더니
관음보살님 나투시어
절이 되었다는 홍련암

절이 바다를 품었을까
바다가 절을 품었을까

오래된 소나무 위로
시시각각 그림을 그리는 구름
그 옛날 파랑새처럼 사찰을 맴돈다

법당 마루 뚫린 작은 창
석굴 파도. 빈 시간을 삼키고
물살에 밀려 항심 키운다

마당에서 보이는 바다를 두고
구멍 속을 보는 사람들
구멍 속에 넓은 세상이 있었구나

무릎을 꿇어서야 볼 수 있는 바다
낮추어야 만날 수 있는 진리

저 작은 창
비로소 나를 들여야 볼 수 있게
하는 것임을 오늘에서야 알았다

아름다운 그녀의 손

독경 소리 끊어진
적막한 산사

뻐꾸기 드문드문
도반 되는 저녁

때늦은 방문객
공양간 보살이 차분히 맞아준다

넉넉하고 편안한 모습
거절함이 없는 손

정갈하고 소박한 반찬에
정성 담긴 따뜻한 공양으로
밥때 놓친 속 든든하고

돌아온 보살님의 미소
마음에는 향불 하나 타오른다

보살꽃

영축산 자락 따뜻한 햇살
계곡을 따라 금강송에 앉았네

묵은 마음 벗겨내고
해탈의 오도송 들리는 통도사

가지마다 진홍색
꽃등 달아맨 자장매

또다시 찾아온
봄
보살꽃

경주 골굴사

함월산 자락에
달을 머금은 산
자연 절벽 석굴사원

동해바다 숨 쉬는
대왕암을 품은 넉넉함

한국의 소림사
우렁찬 함성소리
산을 깨우는 선무도

관음석굴 들어서
벌집모양 바위앞에
자유로운 참배
마음까지 편안하다

가파른 계단 따라 오르면
천년의 온화한 미소
꽃피우는 마애여래님

물러설 곳도
나아갈 곳도 없는
가파른 낭떠러지
번뇌 놓아 버리고
맘 하나 잘 보듬는다

영축산 안양암

영축산 줄기 천년을 잇고
낮게 낮게 줄 선 소나무

통도 팔경
안양암을 품은 산봉우리
연꽃처럼 고즈넉한 풍경이다

금강송 두 그루 일주문 되어
인도하는 화엄 세상

처마 끝 첨마에
산자락 머물고
마음도 바람 같이
청한한 일상을 다스려 준다

주지 스님의 넉넉한 차 한잔
차가운 엄동을 녹이고
꽃의 향기는 백 리를 가고
인품의 향기는 만 리를 간다
다포에 꽃피는 법문 이야기

온돌방처럼 따스한 스님의 말씀
푸른 단주 하나씩 받아 들고
부처님 계신 불전에 든다

홍룡사

작은 금강산이라 불리는 홍룡사
산길 물길 따라
세상 시름 잊고자 세웠다는
가홍정 누각이 반긴다

높이 떠오르는 구름
소원목도 간절함으로 합장한다

천수관음 도량 대나무 숲이
대웅전을 둘러싼 암자

그곳에 계신 관음보살
중생의 괴로움 구제하고 계신다

수정문 들어서니
아픔을 보듬는 약사여래
속세에 의지할 중생 다독여
부처의 세상으로 인도하고 계시네

천용이 살다 무지개 타고
하늘로 올라갔다는 홍룡폭포
시원스레 쏟아지는 물소리
용이 승천이라도 하는 듯

옛 여인의 단아하고
정갈함을 품은 홍룡사

바람도 구름도 쉬어가는
숲에 안긴 기도 도량

새소리 물소리 법음 들으며
산자락을 내려오는 어스름과
하루를 참회하며 회양하는 시간

산수유나무 아래
– 통도사 극락암

소나무로 빙 둘러싸인
삼소굴 마당 오래된 산수유

겨울바람 앞에
마당은 비운 것으로 가득하다

꽃과 열매 다 벗어버린 나무 보살
빈 가지에도 새들의 노래는
불경처럼 아늑하고

한참을 산수유나무 아래
이삭 줍는 밀레의 여인처럼
등 둥글게 말아 시간을 줍고
자연이 비운 것을 줍고 있다

겨울이 껄껄 웃는다

부처꽃

연못가에 오밀조밀
매달린 화사한 꽃 무리

부처님 얼굴 보이지 않는데
누가 부처의 꽃이라 했을까

부처님전 꽃 공양 올리려
연밭에 갔더니 비만 가득
연꽃은 온데간데없네

누가 보내 왔을까

수숫단처럼 서 있는 꽃
백중날 꽃 공양
간절함으로 올리네

부처님전 꽃불 환하네

향일암

해를 품은 향일암

금오산 품속에 해를 품고
남해 바다 울타리 안
거북이 용궁을 들어가려는
형상을 하고 있는 암자

돌계단 따라 오르고 오르니
장난꾸러기 동자승이
웃으며 맞아 준다

돌과 돌 사이 해탈문
암 문 열고 맘 문 열어
번뇌를 벗으려 숨 고른다

산을 넘지 않은 겸허한 바다
하늘이 높아진 만큼 깊은 산사
허리를 굽혀야만 들어설 수 있는 암자
나도 스스로 낮아진다

바다 향기 가사처럼 두르고
르누아르 작품보다 걸작인
고요한 향일암

저 찬란한 남해 바다
수려한 정기 모아
성난 마음 시름
다 받아 주고 있다

| 해설 |

텃밭이 키운 시, 시가 키운 채소

정영자 | 문학평론가. 한국문인협회 고문

 오승미 시인의 시를 읽었다. 파릇파릇하고 탄력적이다. 물찬 제비처럼 튀어 오르는 생동감 있는 현장의 시가 대부분이다. 한판의 판소리가 울릴 것처럼 흥과 재미가 톡톡 튀는 시들이다.
 나는 그의 첫 시집을 읽으며 다음과 같은 찬사를 남긴 바 있다.
 "동심처럼 맑은 이미지와 역동적인 삶의 기쁨이 넘실대는 생활철학이 그대로 담긴 오승미 시인의 첫 시집 『쉼표에 젖는다』는 행복한 분위기 속에 함께해서 즐거운 오늘을 노래하고 있다.
 텃밭을 가꾸는 그의 부지런한 발자국은 발레리나의 발끝처럼 가볍다. 그는 동행의 생활을 즐기며 동료문우들과 지인들에게 나누며 헌신하는 모범적인 낭송가요 독서지도사요 시인이며 한국 유일의 시극단인 물소리 시극단의 주요 단원이다.

오승미시인의 시는 맑고 선명하되 부지런하게 삶을 긍정적인 측면으로 노래하는 삶의 찬가이다. 쉼표에 젖는 휴식은 결코 쉼이 아닌 내일의 텃밭을 일구어 가는 힘이며 열정이며 가족과 이웃에게 베푸는 사랑이다.

필자는 여러번 감탄한다. 그의 시도 수준 이상의 발효된 일상을 형상화시키고 있지만 가끔씩 "누구집 며느리인지, 참하기도 하다"며 인간 오승미에 찬탄한다.

위와 같은 시의 특성과 시인에 대한 찬탄은 지금도 유효하다.

2019년 문학계간지 〈여기〉에서 시인으로 등단하고 2022년 첫 시집 『쉼표에 젖는다』를 상재한 후 영남문학상(2023), 한국시낭송상(2023)을 수상하며 작고 큰 낭송대회에서 낭송상을 받았다. 특히 부산문단의 유일한 시극단의 주요 멤버로 그 동안 〈물소리 탈춤〉에서 보여준 뛰어난 기량을 발판으로 낭송과 극단의 중심인물로 부상하였다.

현재 부산여성문학인협회의 핵심 사업인 부산 시민을 위한 무료 문화교육프로그램의 독서 지도사과정의 강사, 부산여성문학인협회 부회장과 재능시낭송협회 부회장, 평생교육 진흥연구회 전임강사와 부산시립시민도서관 자료선정위원으로 열정적인 활동을 계속하고 있다.

그의 시는 자연 친화적이고 현장의 채소 키우기의 삶과 노력에 대한 경건한 찬사와 불교적 사유와 여행과 역사 문화 탐방에서 가지는 성찰적 가치, 단란한 가족 사

랑의 바탕으로 밝고 맑은 지금을 소중하게 섬기는 환희
로 가득하다.

  작은 배 한 척 윤슬 휘젓고
  물고기 떼 노도 안내한다

  들고 나는 포구에 핀 해당화
  작은 가시 파도가 삼킨다

  눈빛 속에 흔들리는 어머니 버선발
  소슬바람 휘어진 목소리에
  갈매기 노래를 담는다

  가파른 언덕 위에 서포 초옥
  아담한 초가 소리 없이 문을 연다

  눈물 쏟아질 듯 부르는 소리
  북받친 오랜 시간 바람만 뒤돌아보고
  쉴 곳 없는 구름만 말없이 지난다

  쪽빛 찬란한 바다 위에
  햇살 가락지 끼운 파도 드나드는
  해당화 닻을 내린 항구

  바람 문 파도가 하얀 엄마다

     - <해당화 닻을 올리고> 전문

은유로 가득한 〈해당화 닻을 올리고〉는 제목과 내용이 상반된 역설을 담아 더욱 선명하게 당돌한 비유를 통하여 시대의 아픔과 정의를 말하고 있다. 특히 당쟁의 희생타로서 출중한 선비며 재상인 서포 김만중의 삶을 통하여 벼슬하는 사람들의 진정한 올바름에 대한 평가를 눈으로 확인할 수 있는 진정성의 서사를 만난다.

결 고운 서정시를 써 온 오승미 시인의 유려한 모순어법이 독자의 의표를 찌르는 과감하고 능란한 시법을 구사하고 있다.

남해바다의 안온한 윤슬과 물고기가 훤히 내려다보이는 노도행 벽련마을 포구에 핀 해당화는 이미지로 시작된다. 이름 모를 작고 작은 포구에 핀 해당화를 삼키는 작은 가시 파도, 그리고 어머니의 버선발과 휘어진 목소리와 갈매기 소리가 혼합하는 서포 어머니의 이미지가 담긴다. 초옥에 구름만 지나가는 서포 유배지의 경관을 서럽지 않게 표현하였지만, 거기에는 고요한 능청 속에 시적 화자의 서포에 대한 그리움이 진하다.

유배지 초옥은 세월 속에 말 없고 이 곳을 지나는 시인은 바람만 만나고 '쉴 곳 없는 구름만' 지난 날을 기억하고 있다고 노래한다.

'바람 문 파도가 하얀 엄마'라고 노래한 시인은 실제 경치를 화폭에 담은 실경산수처럼 거품 하나, 물결 하나도 소홀함 없이 시에 차용하고 있다. 은유와 이미지가 깔끔하게 조화된 시의 정취는 정쟁의 한스러움을 넘긴

단아하고 아름다운 인간애로 승화한다.

  울분과 원통함을 발효시킨 능숙한 서사의 세련됨은 최근에 폭포수처럼 시가 나온다는 오승미 시인의 창의적인 열정이라고 말할 수 있을 것이다. 일과 삶에서 균형보다 조화이다. 많은 시간을 일에 투자해도 그 과정 자체를 즐기는 사람이 만들어 간 진실과 통찰의 창출이다.

  시인이 노도에서 읽은 것은 '해당화 닻을 내린 항구'가 아니라 '해당화 닻을 올리고'의 포구였다. 유배 온 김만중은 이곳에서 시대정신을 비판한 『사씨남정기』를 썼다. 때문에 절망에 무너지지 않고 새 시대를 서원한 것이다. 그리고 새로운 질서가 도래되기 전 그는 유배지에서 생명을 다했지만, 그가 그리던 새로운 희망은 이루어져서 작고 작은, 이 섬도 전국 문학인들이 찾아오는 명소가 된 것이다. 은유는 단순한 장식이나 충격 요법이 아니다. 취지와 수단의 상호 작용을 통해서 특유한 진실과 통찰을 전달하며 의미를 창출하는 것이다. 서포 김만중의 꿈은 하강이 아니라 상승이다. 때문에 시인은 슬픔이 아니라 환희를 만난 것이다.

    풀밭 두엄더미 자리
    등불 들고 있는 그녀

    지나는 나비도 바람도

울 안에 들락인다

그 품이 넉넉한 울타리
가슴 내어 주고도
방시레 웃는 호박꽃

소쿠리 가득 애기 호박 담아
길 없는 길 걷다가
초록 치마 펼치며

볕 잘 드는 곳에 꽃방석 깔고
더위에도 지칠 줄 모르는 당당함

들판에 박색 미인이
가부좌 틀고 앉아
오늘도 황금알을 낳는다

- <황금알> 전문

'황금알'은 호박이다. 은유와 상징을 선택하며 동심같은 그의 시 세계를 잘 나타내고 있다. 풀잎을 썩혀 만든 거름 더미 속에 '등불 들고 있는 그녀'로 호박을 노래한다. 쉽게 튀어나올 수 있는 호박의 명칭을 숨기고 이미지만 가득 표현한다. 독자들은 쉽게 그 이미지를 읽으며 다음의 이미지를 기대한다. 지나는 나비와 바람이 울 안을 들락인다. 그리고 여성의 이름으로 불린 이미지의 주인은 "가슴 내어 주고도/방시레 웃는 호박꽃"이라는 실

체로 표현되고 있다. 감각적이다. 수분 속에 썩지 말라고 호박 밑 자리에 까는 꽈리를 꽃방석으로 격상시킨 시인은 호박의 당당함으로 자신 있게 이미지화 한다.

시 속에 웃음이 있다면 들판에 박색 미인이 "가부좌 틀고 앉아/ 오늘도 황금알을 낳는다"고 묘사하고 있다. 이 시에서 '길 없는 길'이란 풀더미 속을 거침없이 걸어가는 농부의 일상을 말하고 있다. 유머와 윗트, 살가운 친화력으로 불리는 호박의 자태를 여성 이미지로 다양하게 표현된다. 상징으로 크로즈업 시키는 시인의 능숙한 시법이 자신만의 시어로 표현한 낯설기의 신선함이 돋보인다.

    찰진 땅
    햇살 바람 단비에
    맛 좋은 배추가 익어간다

    코스모스 하늘거리고
    금잔화 꽃송이 응원 아래

    나풀거린 배춧잎들
    단비 한 모금 마시며
    하품 소리 찬란하다

    하늘은 높고
    구름은 흘러 흘러

가을이 한 뼘씩 깊어간다

구멍 숭숭 애벌레들
배불리 먹고. 뒹굴고
욕심내지 않는 눈빛

맘은 하늘보다 높고 여유롭고
가을 이리도 이쁘게 익어가는데

버들강아지 한 송이
양 떼 지키는 강아지인 양
의기양양 살랑거리며
배추밭을 지킨다

- <배추밭에 시가 자란다> 전문

    그가 텃밭에서 채소를 키운지는 5년 정도 된다. 자신이 키운 배추에 감탄하며 자연과 우주 속에 배추는 자라고 배추밭에서 시가 자란다는 농사 기본의 다산 철학을 내놓는다. 채소를 키운 세월 만큼 옆에서 지켜봐도 배추만 자라는게 아니라 다양하게 맛있게 익어 가는 그의 시를 만난다. 배추가 키운 시, 시가 키운 배추를 나누는 공덕에 시까지 발효되고 있다.

신라의 아련한 숨결
이견대에서 바라본 대왕암

죽어서도 나라를 지키려는 호국용
파도 자락에 펄럭인다

들락거리는 바람의 속삭임
와도 온바 없고
가도 간바 없는
머물다 간 흔적은 보이지 않아

동탑을 돌고 돌며
어디로 가고 있는지
무엇을 위해 사는지

물음표 하나 던지며
묵언 수행

　　　　　- <감은사지 탑돌이> 전문

　그의 시는 불교 사유를 바탕으로 한다. 역사문화에 애정은 시의 폭을 깊게 한다. "와도 온바 없고/가도 간바 없는"머물다 간 흔적은 보이지 않는 금당터의 바윗돌만 남아 있는 쓸쓸함을 시화하고 있지만 탑돌이를 하며 묵언수행의 기원으로 표현하고 있다. "어디로 가는지/무엇을 위해 사는지" 영원한 물음표가 우리 모두가 안아야 할 화두가 아닐까

　　새털구름 오선지 만들고

새소리 법문 풀어내는 새벽
은은한 종소리 맑다

겨우내 품고 있던 순한 잎
봄의 싱그러움 담아
쏙쏙 파랑이 일어서고

부푼 햇살 사이로
안개 바람 내려와
새순을 낳으며
아가 손 흔들어 댄다

어찌 눈으로 보겠는가
어찌 코로만 읽겠는가

싱그러운 오월
차로 물든 여인의 치마폭
파란 하늘 담고서

연두와 초록이 영그는 천지에
봄도 햇차 맞이 들뜬다

　　　　　　– <햇차 맞이하는 날> 전문

　시인의 텃밭 이웃에 차밭이 있고 그는 그 차밭의 관리인처럼 차잎을 따며 일년 마실 차를 만드는 다인이기도 하다. 새벽 일찍 차를 따러 나온 날의 하늘에는 새털구름이 오선지 위에 작곡을 하는 풍경을 영상 이상으로 펼쳐 놓는다. 새들은 그들의 음성으로 법문을 풀어내고 새벽 종소리마저 맑게 울리는 날은 부처님 성전으로 오버랩 된다. 햇살과 안개, 바람으로 새 순을 키운 공덕은 "어찌 눈으로 보겠는가/어찌 코로만 읽겠는가", 마음으로 보고 마음으로 읽는 신성한 햇차 맞이의 환희와 기쁨을 천지신명에게 고하는 흔히들 노동요 이상의 힘 있는 일하는 즐거움으로 울려 펴진다.

　오승미 시인은 시낭송가이면서 동화구연작가다. 〈콩나물〉은 순수 서정의 동심시이며 비상하고자 하는 청소년의 푸른 꿈을 읊은 시이기에 특별히 소개하고 싶은 시이다.

　　　어느 날 아침
　　　엄마가 하시는 말씀
　　　우리 엄마가 보고 싶네

　　　그래 그렇지
　　　엄마에게도 엄마가 있었지

　　　　　　　― 〈엄마에게도 엄마가〉에서

　오승미 시인은 내가 지켜 본 그 많은 며느리와 딸 가운데 가장, 최고 최선의 자리에 둘 수 있는 우리의 며느리요 딸이다. 〈엄마에게도 엄마가〉를 통하여 참한 우리의 딸을 볼 수 있을 것이다.

  이 시집을 보시는 독자께서는 꼭 이 시 전문을 읽어주시고 남은 세월에 부모님께 더 극진히 효도하시기를 바란다.